Travail avec le cheval en médiation

Créer la relation

Manuel d'intervention

Couverture : photographie de l'auteur,
au Centre Hospitalier Saint Jean de Dieu, à Lyon.

Patricia Faure

Travail avec le cheval en médiation

Créer la relation

©2018, Patricia Faure
Editeur : BoD Books on Demand
12/14 Rond Point des Champs Elysés, 75008 PARIS
Impression : BoD-Books on Demand, Norderstedt,
Allemagne
www.bod.fr

ISBN : 978-2-322-12354-4
Dépôt légal : juin 2018

Sommaire

Introduction : 9
Quel cheval pour la médiation 11
   Qualités attendues 11
   Comment reconnaitre les qualités attendues du cheval en médiation 15
   Evaluation 16
   Tout cheval peut-il intervenir en toutes circonstances 22
Travail avec le cheval : 25
   Etablir le lien 25
   Comprendre est la première des libertés 26
   Comment motiver le cheval 31
   Céer une motivation interne 38
   Retour sur les besoins du cheval 41
   Que retenir en pratique 45
   Quelles recommandations 50
Conclusion 57
Liste des annexes 60
Bibliographie 70

Tout près ou à distance, à pied ou à cheval, le lien doit rester une préoccupation constante ... on obtient une certaine qualité de dialogue : comprendre et être compris.

BERNARD SACHSÉ

Introduction :

La collaboration de l'homme avec l'animal est très ancienne. La domestication, dans l'histoire de l'humanité, a précédé la sédentarisation et l'agriculture. La force, la rapidité, le flair et d'autres caractères des animaux en ont fait de précieux alliés, aussi bien dans le travail, le combat, que les activités de loisir ou le sport ; mais ce qu'ils peuvent apporter à l'humain, de plus essentiel, est aussi très vite apparu : déjà cinq siècles avant notre ère, Xénophon disait : "Le cheval est un bon maître, non seulement pour le corps, mais aussi pour l'esprit et pour le cœur".

Alors que, dans la plupart des sociétés, l'homme s'éloigne de plus en plus de la nature et des animaux, on assiste depuis quelques années au développement de pratiques qui utilisent la médiation animale. Ce n'est pas étonnant et cela peut être une manière de reconnaitre et de prendre en compte la place et le rôle de l'animal à nos côtés.

Cette place, dans le cadre de la médiation, est celle d'un animal familier. Ce qui caractérise l'animal familier, par rapport à l'animal domestique, c'est d'avoir une relation particulière avec l'humain, sur le

> plan affectif. C'est le cas, généralement, du chien ou du chat mais ça ne va pas de soi avec d'autres animaux domestiques, comme le cheval, car ils vivent moins dans la proximité de l'homme. Or, si au lieu d'établir une vraie relation avec le cheval, on se contente de l'instrumentaliser ou d'être dans l'emprise, on ne se situe pas dans le contexte de la médiation mais plutôt dans celui d'activités avec un animal domestique, dressé pour accomplir un travail. Ce n'est pas le cadre de la médiation car elle repose sur la richesse des interactions spontanées, non contraintes, et sur l'impact de la dimension affective.

La relation qui s'établit avec l'animal, dans ce contexte, est fondamentale et passe par la communication entre espèces différentes ; ce n'est pas simple. Le travail avec le cheval en médiation concerne aussi bien le cheval que l'humain qui l'a en charge mais l'humain a plus à faire car, son cerveau étant plus développé, c'est à lui d'apprendre à parler son langage et d'apprendre à le motiver. Pour cela il faut des connaissances physiologiques, éthologiques et cognitives. C'est sur ces connaissances que nous fondons le travail avec le cheval en médiation tel que nous le présentons ici, après avoir défini les qualités attendues du cheval dans ce contexte.

Quel cheval pour la médiation

Qualités attendues

Le tableau I, page suivante, montre bien qu'il n'est pas demandé de capacités sortant de l'ordinaire à un cheval pour travailler en médiation ; par contre, il est demandé un réel savoir être et un savoir-faire à l'humain qui l'a en charge, pour obtenir un cheval vivant, serein et confiant qui, en médiation, sera un acteur, rassurant et proche de l'homme, ce qui rendra possible les interactions utiles en pratique.

Cela commence dès la naissance. Le sevrage peut être l'occasion d'un stress considérable ; de plus le fait d'isoler les poulains des adultes, après le sevrage, gêne leur socialisation (Lansade, 2016), de même que le fait d'intervenir auprès des poulains, à la naissance ou dans les mois qui suivent. Le débourrage, autrement que par habituation progressive, peut être à l'origine d'impuissance apprise[1], caractérisée par la résignation et l'apathie (Seligman M., 1975).

---

[1] Le traumatisme, caractérisé par l'absence de maitrise sur les événements, affecte la motivation et l'apprentissage de nouvelles réponses car l'impuissance apprise se généralise à des situations où le sujet pourrait avoir une action efficace ; il présentera des troubles physiologiques et des troubles du comportement : difficultés à résoudre les problèmes, à éprouver des émotions, comportements agressifs.

QUALITÉS ATTENDUES	TRADUCTION EN MÉDIATION	INTÉRÊT
Il faut que le cheval soit :	*En médiation, il sera alors :*	*il pourra :*
Vivant (il perçoit normalement les stimulations et les émotions et il est actif en conséquence)	**Acteur**	Initier des situations Réagir et donner des réponses Opérer un feedback
Serein	**Rassurant**	Apaiser, détendre Porter
Confiant	**Proche**	Renforcer utilement

Tableau I : Qualités attendues

C'est dire toute l'importance de connaître l'élevage d'où vient le cheval et de savoir comment il a été élevé, éduqué et débourré. L'influence de la mère, de la naissance au sevrage, est très importante ; non seulement elle impacte la socialisation du poulain mais elle impacte aussi la relation que son jeune va établir avec l'homme. Pour familiariser le poulain, les contacts positifs de l'homme avec la jument, en présence du poulain mais sans action directe sur celui-ci, sont la meilleure façon de faire et on observera une généralisation du gain obtenu, de l'humain familier à un humain inconnu (Henry S. et al., 2005). C'est donc une période qui engage l'avenir et qu'il ne faut pas négliger.

Tout cheval qui s'est normalement développé, sans stress intense et sans expérience négative avec l'humain, peut être utilisé en médiation puisqu'il lui suffit d'être cheval et partenaire dans une relation positive avec l'homme.

1. Le cheval est « vivant » s'il n'est ni éteint, ni résigné, ni blasé, états qui résultent de stress intenses et de techniques d'inhibition de l'action et d'instrumentalisation (conditionnement excessif).

2. Il est serein quand tous ses besoins, relatifs à l'accomplissement de ses fonctions vitales, peuvent être satisfaits :
- besoin de sécurité
- besoin de relations sociales avec ses congénères
- besoins nutritionnels, physiologiques
- besoin de repos et de récupération.

Quand ses besoins sont satisfaits, on dit qu'il est en champ détendu ; il est alors disponible pour des activités avec l'humain.

3. Il est confiant quand son expérience de l'humain est positive (c'est-à-dire quand il a vécu avec lui des expériences positives et gratifiantes). Cela interdit, dans l'éducation du cheval, de lui faire vivre des émotions négatives, liées au stress. Il faut donc bannir :
- l'emprise
- le rapport de force
- les techniques d'immersion[2]
- la punition.

Idéalement, ce que vit le cheval avec l'humain devrait être l'occasion d'émotions de rapprochement uniquement, pour gagner la confiance de l'animal et servir la relation qu'on établit avec lui.

---

[2] Le sujet est maintenu dans les situations anxiogènes maximales jusqu'à extinction de la réaction d'anxiété

> Un conditionnement par renforcement positif ne nuit pas à la relation et on peut donc l'utiliser ; par contre, établir un conditionnement ne revient pas à établir un lien et la personne qui travaille en médiation avec le cheval devra être capable d'établir ce lien, nous verrons plus loin comment.

Comment reconnaitre les qualités attendues du cheval en médiation

Il n'existe pas encore de label « cheval de médiation » mais nous vous proposons 17 critères simples qui vous permettront d'apprécier le caractère vivant, serein et confiant de votre cheval.

Le caractère vivant s'apprécie sur :
- la sensibilité à des stimulations
- la réactivité émotionnelle et la curiosité
- la capacité d'initier des actions.

Le caractère serein sur :
- la détente en l'absence de stimulation
- l'absence de stéréotypies
- la disponibilité
- l'acceptation de quelque chose ou quelqu'un sur son dos
- la satisfaction des besoins (critère indirect).

Le caractère confiant et proche sur :
- l'approche franche par le cheval
- l'abord facile du cheval (y compris de la tête, des oreilles, des yeux)
- la conduite en liberté.

NB : le cheval qui a confiance en l'humain a tendance à le rejoindre car **il le sécurise** ; les expériences positives avec un humain induisent une « mémoire positive » chez le cheval ; il manifeste de ce fait plus d'intérêt pour l'humain en général et il recherchera davantage le contact (Sankey, C. 2010).

Evaluation

L'évaluation s'opère lors de l'observation, l'approche, l'abord, le pansage et la conduite du cheval ; le pansage est l'occasion de tester la sensibilité (tactile et auditive), les réactions émotionnelles (peur, plaisir), la curiosité, l'absence d'apathie ; il renseigne également sur l'état de santé, la confiance et la capacité de se détendre de l'animal. L'ensemble de l'évaluation porte sur 6 critères pour chacune des qualités attendues, évalués de façon binaire (critère rempli (1)/ non rempli (0)) ; tous les critères doivent être remplis ; certains critères peuvent s'exprimer par la négative (critères C2s et C6c) ; un critère (C4) est comptabilisé pour deux qualités. Quand rien n'est précisé, la personne présente avec l'animal est celle dont il a l'habitude.

Observation
C1s position de détente observable :
1 (oui)/0 (non)
C2s absence de stéréotypies : 1 (absence)/0 (présence)
C3s bien-être :
1 (satisfaisant)/0 (non satisfaisant)
Consignes : il faut apprécier l'état de santé et le bien-être de l'animal en s'inspirant des critères de la Welfare Quality (annexe 1), un animal en mauvaise santé ou dont les besoins ne sont pas respectés ne peut pas travailler en médiation.

Approche
C4c et C4v vient spontanément :
1 (oui)/0 (non)
C5s approche quand on le lui demande :
1 (oui)/0 (non)
Consignes : l'animal doit venir spontanément (animal « vivant », acteur, confiant et proche), repartir si on ne lui demande rien (si on n'interagit pas) et revenir quand on le lui demande (animal serein et disponible).

Abord (personne étrangère, neutre)
C6c ne s'éloigne pas quand on l'aborde :
1 (ne s'éloigne pas)/0 (s'éloigne)

C7c laisse toucher ses oreilles, son ventre :
1 (oui)/0 (non)

Pansage (non attaché mais peut être tenu en longe par la personne qui effectue le pansage, longe flottante, portée sur l'avant-bras ; voir p.52) :

C8v sensibilité tactile :
1 (sensible)/0 (très peu sensible)

C9v orientation (oreille/tête/encolure) par rapport à un bruit banal tel que la chute d'une brosse :
1 (oui)/0 (non)

C10v réaction à une odeur et/ou un objet inconnu :
1 (flairage)/0 (pas de réaction)

Consignes : pour C8, C9, C10 plusieurs essais à des niveaux de stimulation différents sont admis ; les réactions de peur ne satisfont pas aux critères.

C11v mouvements à l'initiative du cheval (interactions avec un autre animal, les objets, le soigneur, l'environnement) :
1 (oui)/0 (non)

C12v manifestations de plaisir lors de gratouilles ET/OU manifestations de peur lors d'événements inattendus survenant très brusquement :
1 (oui)/0 (non)

C13s capacité de se détendre au pansage :
1 (oui)/0 (non)

C14c laisse nettoyer ses yeux : 1 (oui)/0 (non)

Conduite

C15c suit en liberté : 1 (oui)/0 (non)

C16c suit en liberté dans un passage étroit : 1 (oui)/0 (non)

Portage

C17s détendu en portage : 1 (oui)/0 (non)

Une grille d'évaluation est proposée en annexe (annexe 2) ; cette grille est en cours de validation et vous pouvez contribuer à son amélioration en l'utilisant et en nous adressant vos observations à l'adresse qui figure dans l'annexe 2. Nous considérons que tous les critères doivent être remplis : avec un cheval dont on connait le passé (naissance, sevrage et débourrage sans problème), il faudra veiller à satisfaire ses besoins et travailler la confiance jusqu'à obtenir ce résultat ; en utilisant la grille d'évaluation, vous pouvez évaluer vos chevaux par rapport à ce "label" et progresser avec eux vers cet objectif.

L'ensemble des comportements ou des émotions pris en compte dans cette évaluation fait l'objet de définitions et de descriptions claires en éthologie.

Manifestations de plaisir, mouvements et étirement de la lèvre supérieure et extension/rotation de l'encolure.
(Ici une personne, placée de l'autre côté du cheval, gratouille son poitrail)

Cheval détendu, encolure basse, lèvre inférieure légèrement avancée.

Ces manifestations doivent pouvoir s'observer au pansage, si celui-ci vise à prendre soin de l'animal et lui apporter du plaisir. Souvent ce n'est pas le cas et les chevaux montrent alors plus de comportements négatifs que de comportements positifs (Léa Lansade, 2017).

L'observation du cheval permet aussi de repérer, avant, pendant et après les séances, les signes de souffrance et de stress (Annexe 3). Repérer ces signes est essentiel : l'animal ne doit pas être utilisé s'il manifeste certains de ces signes ou la réunion de plusieurs ; il faut savoir en tenir compte et éventuellement s'adresser au vétérinaire.

Quelques exemples :

- Un cheval ayant un jour des douleurs dentaires montrera peut-être alors un comportement inhabituel au pansage ou au harnachement.

- Une jument ayant, à un moment, des douleurs ovariennes réagira peut-être différemment en portage.

Tout cheval peut-il intervenir en toutes circonstances

Lors des séances, il appartiendra à la personne qui travaille avec l'animal, au bénéficiaire de la médiation et au cheval lui-même, de faire le choix d'un partenaire plutôt qu'un autre. Ce choix se fera en fonction du tempérament de chacun et des objectifs.

Cela nécessite de caractériser le tempérament des chevaux avec lesquels on travaille, même s'il n'y a pas de "mauvais chevaux".

Tempérament

Les cinq dimensions retenues par l'IFCE (Tests mesurant l'émotivité, la grégarité, l'activité motrice, la réactivité par rapport à l'humain et la sensibilité sensorielle, Vidament, M., 2011) permettent une approche intéressante du tempérament du cheval dans le cadre de la médiation équine. Nous utilisons pour chaque dimension, une échelle analogique que remplit le propriétaire du cheval ; une échelle supplémentaire fournit une appréciation de la curiosité, très utile en médiation.

Nous utilisons donc six axes (annexe 4). Ils permettent notamment d'évaluer l'émotivité et l'élan à l'interaction, dimensions particulièrement importantes dans le cadre de la médiation.

- L'émotivité : il est habituel de considérer que les réactions face à l'inconnu et à la soudaineté caractérisent l'émotivité (intensité des réactions émotionnelles, peur et surprise ici) ; Il faut en fait distinguer les réactions comportementales qui peuvent être influencées par conditionnement, notamment par habituation, et la caractéristique de tempérament qui demeure inchangée (confirmée par la mesure de la fréquence cardiaque par exemple).
- L'élan à l'interaction[3] : il fait intervenir la sociabilité par rapport à l'humain, la locomotion, la grégarité, la curiosité.

---

[3] Hubert Montagner définit l'élan à l'interaction comme une des compétences-socles que développe l'enfant lors de liens sécures. Dans *L'enfant et l'animal*, il reconnaît à des animaux comme les chiens, les chevaux, un élan à l'interaction tel qu'il libère cette compétence chez l'autre.

Quelques exemples :

- Avec une personne âgée, dépressive, si l'objectif est de la remobiliser, de désinhiber les comportements :
    on privilégiera, chez l'animal, l'élan à l'interaction, notamment la curiosité, la sociabilité.

- Avec une personne souffrant d'un traumatisme psychique, en lien avec une intentionnalité humaine :
    on évitera un animal trop curieux, envahissant.

Travail avec le cheval :

Etablir le lien

"C'est un travail de construction, qui cherche à donner au cheval **du plaisir** dans ce qu'il fait. Sont exclues toute hâte, pression, programmation. **Pour avoir du plaisir, le cheval doit comprendre ce que l'on attend de lui et avoir le désir de s'y conformer**... Tout près ou à distance, à pied ou à cheval, **le lien** doit rester une préoccupation constante."

Dans cette citation Bernard Sachsé, pose clairement les choses : même s'il parle essentiellement d'équitation, cela concerne tout le travail qui peut être fait avec le cheval.

Quelques siècles avant notre ère, Xénophon disait déjà que **la communication était la clé de l'équitation** et dans son livre, Natural Horse-Man-Ship, Pat Parelli écrit : "La dynamique d'une relation naturelle entre le cheval et l'homme peut s'obtenir **grâce à la communication**, la compréhension et la psychologie [...] Elle s'oppose à la relation habituelle obtenue, la plupart du temps, par l'automatisme[4], la peur et l'intimidation[5]."

Tout a donc déjà été dit : pour travailler avec le cheval en médiation, il ne faut pas être dans l'emprise et il ne faut pas s'en tenir aux réponses conditionnées (très

---

[4] L'automatisme est obtenu par conditionnement
[5] La peur et l'intimidation sont associées à l'emprise

"tendance" avec l'usage du clicker). Il faut vouloir établir une vraie relation avec l'animal et elle repose sur la communication.

Comprendre est la première des libertés

Quand on n'est pas dans l'idée de se faire comprendre, on est encore dans l'emprise, même s'il n'y a pas de violence apparente, du simple fait que l'animal ne comprend pas (ou ne ressent pas) ce qu'on attend de lui et n'est pas motivé pour produire le comportement (mais seulement pour avoir la récompense ou pour qu'on cesse de l'embêter) ; c'est le cas quand on utilise des techniques de conditionnement : **l'animal fournit des réponses au hasard** et on le renforce quand il donne la bonne réponse. Ces techniques, qui sont purement comportementales, sont à distinguer des moyens de communication auxquels on accède en l'éthologie[6].

Pour communiquer avec le cheval et être un "partenaire social", il faut acquérir les connaissances qui permettent de :
- comprendre le cheval : connaitre son umwelt (l'environnement sensoriel propre à son espèce), ses besoins, ses capacités mentales

---

[6] Discipline scientifique fondée sur l'OBSERVATION de l'animal dans son milieu, selon une méthodologie rigoureuse.

et ses moyens d'expression ou signaux de communication ;
- utiliser son langage ;
- comprendre son mode d'organisation sociale.

Le monde extérieur, l'environnement du cheval tel qu'il le perçoit (son umwelt), n'est pas tel que nous le percevons. La **connaissance de son système sensoriel** nous permet de l'appréhender (pour une première approche voir Comportement et postures, Hélène Roche, 2008, 2012). Le cerveau du cheval lui permet d'être performant en fonctionnant sur un mode sensori-moteur et émotionnel. Le néocortex du cheval est peu développé, à la différence de son cerveau limbique et de son cerveau reptilien, donc, là où nous avons recours à la logique et à nos capacités de raisonnement pour comprendre une situation, envisager une solution, le cheval, lui, a recours à une intelligence surtout basée sur ce qu'il ressent, ce qu'il perçoit au niveau sensoriel ou émotionnel. Son olfaction est très développée, son audition lui permet de percevoir des sons que nous n'entendons pas (ultrasons) et sa vision est extrêmement performante pour déceler les mouvements ; il voit assez bien dans l'obscurité mais, quand il passe de la lumière à l'obscurité, il lui faut un temps d'adaptation assez long pendant lequel il voit mal.

Le cheval perçoit nos émotions et il est capable d'empathie ; il exprime aussi les siennes et il est essentiel de connaitre son état émotionnel (signes de plaisir, colère, peur, etc), tout comme ses besoins[7], pour le comprendre quand on travaille avec lui.

Différents **signaux de communication** sont à connaitre : mimiques[8], tensions, postures (encolure, queue, oreilles ...), émissions vocales. Le cheval utilise aussi d'autres signaux qui nous sont, malheureusement, inaccessibles (production d'odeurs et de phéromones). Toutefois, son langage, utilisable par l'homme, est avant tout tonico-postural, gestuel et dynamique. Nous devons donc, pour interagir avec lui, en premier lieu, utiliser ce langage et ne pas oublier que nous lui donnons aussi des informations à notre insu (émotions, odeurs etc).

Le cheval communique avec ses congénères dans un espace social et, là encore, il y a des codes qu'il faut connaitre et utiliser : notion de bulle ou d'espace dynamique virtuel (espace personnel et espace projeté sur l'autre, dont la forme et l'importance sont liés au niveau d'énergie du sujet et à la mobilité des parties de son corps), de hiérarchie et de leadership ou de décision partagée (Valenchon, M. et col. 2016).

---

[7] Sécurité, relations sociales, nourriture, repos (développés p 41)
[8] Il existe une échelle de reconnaissance des grimaces faciales du cheval la HGS (Horse Grimace Scale ; Dalla Costa E., 2014)

Connaitre le langage du cheval, ses signaux, nous permet de communiquer avec lui ; connaitre son organisation sociale, modes d'entrée en contact (pont olfactif, figure 1), modes de relations, règles hiérarchiques (dominance), leadership, nous permet de nous situer, dans la relation avec lui, à la place que nous souhaitons (qui se mérite et se gagne).

> La connaissance du cheval permet d'établir une relation où on a valeur de cheval et d'être admis **en tant que "cheval honoraire"[9] et donc partenaire social ;** c'est une condition indispensable pour établir une relation authentique et interagir avec l'animal, sans stress (corollaire de l'emprise) et sans conditionnement.

Retenir que l'homme **communique** à pied avec le cheval en utilisant :
- le langage du corps ;
- l'espace projectif virtuel que le cheval lui attribue (figure 2) ;
- les émotions ;
- des règles sociales qui sont celles de l'animal.

---
[9] Terme utilisé par JC Barrey ; éthologue décédé en 2016, à 84 ans. Scientifique et Homme de terrain, il a formé en éthologie équine des générations de praticiens utilisant la médiation équine, notamment à la F.E.N.T.A.C.

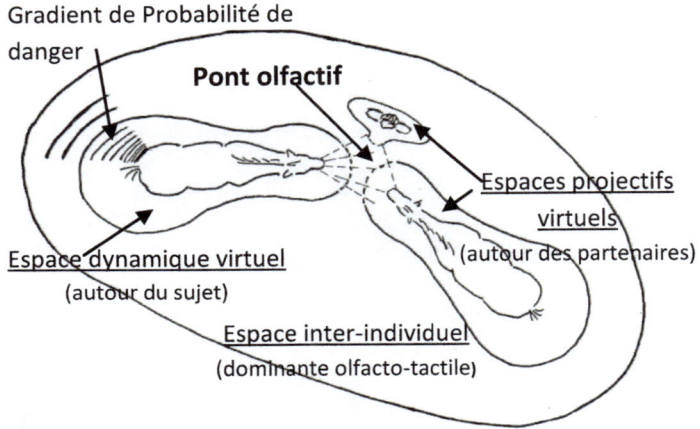

Figure 1 : Espace interindividuel et pont olfactif
(J.C. Barrey)

Entrées en contact utilisant le pont olfactif

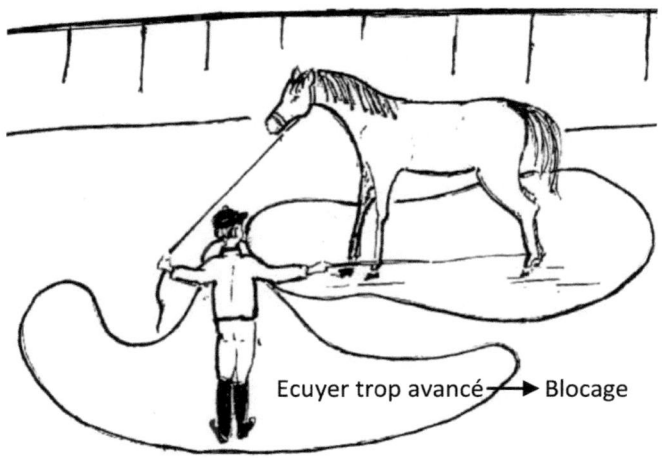

Figure 2 : Illustration de l'espace virtuel, JC Barrey
(dans *Thérapies avec le cheval*, manuel écrit sous la direction de Renée de Lubersac)

Comment motiver le cheval

Lors des séances de médiation équine, on ne demande souvent pas grand chose au cheval et on compte beaucoup sur ses comportements volontaires, spontanés ou en réponse au comportement du bénéficiaire. Cependant, la plupart du temps on souhaite qu'il vienne vers nous et qu'il se déplace avec nous.

Pour obtenir que le cheval collabore avec nous, il faut d'abord avoir son attention puis lui faire une demande, dans son langage, suffisamment claire pour qu'il ressente ce que nous attendons.

Mais il est libre de faire ou ne pas faire ; c'est la qualité du lien que nous aurons su créer qui fera la différence : "Le principal motif qui incite le cheval a accompagner l'homme est le lien social qui s'est établi entre eux, mais il faut que l'intention exprimée soit cohérente et gratifiante." J.C. Barrey

Quand on utilise le langage du corps, être clair et cohérent est difficile et s'apprend : il faut que les informations transmises par différents canaux (posture, intonation, émotions...) aillent dans le même sens et il faut aussi qu'elles traduisent une intention sincère ; il faut être authentique, Impossible de berner le cheval, il "perce n'importe quel masque. [...] La précision avec laquelle (son) comportement traduit et reflète ce qui se tapit en nous est inégalable." (K.F. Hempfling, 2013).

Carl Rogers place l'authenticité au centre de la relation entre deux êtres car elle conditionne la confiance. Ceci est particulièrement vrai entre un humain et un cheval. Ainsi, Il n'est pas du tout étonnant que les personnes qui ont en tête d' "attraper" leur cheval au pré, voient celui-ci s'enfuir à l'autre bout, même s'ils ont un comportement tout-à-fait engageant ! Ayez plutôt en tête d'aller à sa rencontre, tout deviendra plus facile.

Pour être claires les informations doivent aussi être ciblées : si l'élève apprenant "contracte non pas un muscle mais des milliers, le cheval se trouve plongé dans un abîme de perplexité" (K.F. Hempfling). Enfin, il faut pouvoir maitriser la position "off", éviter les "bruits de fond" quand on ne demande rien.

Mais cela ne suffit pas. Votre intention aussi claire et authentique soit-elle doit être partagée par le cheval. Pour cela il faut qu'il y trouve un intérêt qu'elle soit gratifiante. Il faut qu'il VOUS trouve un intérêt !

Des interactions positives répétées avec l'humain induisent une « mémoire positive » chez le cheval qui **augmente son intérêt pour l'humain en général** (Sankey, C. 2010). Votre cheval ne doit vivre à votre contact que des émotions positives et se sentir en sécurité ; ne jamais lui faire vivre de stress ni le punir (ne pas renforcer ses erreurs suffit) ; donner à votre cheval des moments de plaisir ; nourriture, gratouilles et friandises y contribuent mais, avant tout, **découvrez ce qu'il aime et soyez celui qui le lui procure** (selon la saison et ses envies, emmenez le se baigner, ou manger des baies, des châtaignes etc). Utilisez aussi votre voix : "murmurez à l'oreille des chevaux", ils sont sensibles à la hauteur de la voix (une voix grave et basse les apaise) et à la prosodie[10] du

---

[10] Intonation, rythme, accentuation, débit...

langage. Votre cheval appréciera d'être en votre compagnie et sera attentif à vos demandes. Il ne s'agit pas ici de récompenser un comportement attendu, il s'agit de créer du lien, une relation affective avec un animal familier, et de développer la confiance, comme nous l'avons dit en introduction.

Le tableau II résume les savoirs être et les savoirs faire qui vous seront utiles pour établir avec le cheval la relation nécessaire au travail en médiation équine.

SAVOIRS ÊTRE	SAVOIRS FAIRE
Avoir valeur de cheval	**Agir comme tel** et être cheval honoraire
Être authentique	**Ne pas tricher**, être "congruant" (pensée-comportement-émotion)
Être digne de confiance	Agir avec bienveillance, en étant calme, patient, porteur d'**émotions positives** et d'**intentions gratifiantes** (il faut que l'animal trouve intérêt et plaisir à faire ce que nous attendons et qu'il se sente en sécurité près de nous ; cela confère un **"crédit social"**)
Être déterminé et assuré, assertif.	Faire des demandes **claires dans son langage**, avec des messages **cohérents** et faire preuve de fermeté et **d'enthousiasme.**

Tableau II : Savoirs être et savoirs faire

Remarque : Crédit social et enthousiasme sont des caractéristiques des initiateurs, leaders, dans les groupes de chevaux (Petit O., Gérard C., Valenchon M., 2018).

Quand le cheval vous donne satisfaction (quand il répond comme vous le souhaitez à votre demande), en tout premier lieu montrez lui que vous êtes content : il vous fait plaisir, sachez lui dire "MERCI" en étant authentique ; tout votre comportement doit montrer votre plaisir et votre satisfaction pour qu'il en éprouve également ; soyez chaleureux, rien ne l'oblige à faire ce que vous attendez et il doit y trouver de l'intérêt pour lui. De même qu'il faut faire au cheval une demande polie (obtenir son attention, se donner la peine de lui faire comprendre ce que l'on attend et ne pas exiger dans un rapport d'emprise), il faut récompenser une réponse attendue car, quand elle n'est pas automatisée, elle ne va pas de soi. Notre attitude contribue à renforcer sa réponse, dans un rapport affectif et à travers le plaisir que nous saurons alors lui procurer.

Savoir dire "s'il te plait" et "merci" est un des fondements de la communication

La proximité entre la communication et les techniques de conditionnement par renforcement[11] est grande, on le voit. Les différences portent essentiellement sur

---

[11] Conditionnement opérant (skinnérien)

les caractères de la demande et sur la motivation ; quand on fait une demande dans le cadre de la communication, on s'efforce de faire ressentir ou comprendre[12] à l'autre ce qui est attendu. Dans tous les cas, donner la réponse attendue doit présenter un intérêt mais, dans la communication, la réponse donnée contribue avant tout au renforcement du lien dans lequel l'animal trouve de l'intérêt puisque les bénéfices en découlent (ils tiennent au renforcement du lien, plus qu'à la réponse elle même).

> Le conditionnement permet le dressage tandis que la communication est nécessaire à l'éducation : elle permet d'internaliser la motivation et d'établir la confiance et le lien.

Le lien s'établit dans l'attention qu'on porte à l'autre, mais pas seulement lors d'une demande ; il s'exprime dans la reconnaissance de tous les comportements souhaités, en particulier quand ils sont spontanés. (C'est important dans l'éducation du cheval comme c'est important dans celle des enfants).

Le tableau III résume les avantages et les inconvénients du travail qui utilise le conditionnement et de celui basé sur la relation et le lien.

---

[12] Le cheval est plus dans le ressenti que la compréhension car ses capacités cognitives sont limitées. Il est toutefois **plus performant dans le domaine de la cognition sociale.**

	CONDITIONNEMENT	COMMUNICATION
Avantages	-Rapide, pas de préalable -Efficace -Facile	-L'animal ressent ce qu'il doit faire ; il est récompensé à travers le renforcement du lien, source de plaisir et de bénéfices pour lui. -**La réponse dépend de la "forme" de la demande (±"polie") et du demandeur(±authentique et clair) ; cette variabilité est intéressante en médiation.** -Les échanges donnent lieu à l'établissement d'une vraie relation ; elle facilite ensuite le travail avec le cheval (gain de temps) -Il n'est pas nécessaire de récompenser chaque bonne réponse de manière contingente.

	Conditionnement	Communication
Inconvénients	-L'apprentissage s'éteint si on cesse de donner la récompense -Réponse très identique quelle que soit la façon dont est produit le signal (NB : ça peut être un avantage dans d'autres utilisations du cheval, notamment le spectacle ou la pratique équestre) -L'apprentissage d'un code n'enrichit pas la relation car c'est indépendant d'elle. **le conditionnement à lui seul ne permet pas d'établir un lien ni la confiance.**	-Difficile : il faut apprendre à connaître et à comprendre le cheval, connaître son langage et "être cheval honoraire" - Long : établir une bonne relation est un préalable ; ça peut prendre du temps.

Tableau III : Avantages et inconvénients du conditionnement et de la communication

Céer une motivation interne

Le cheval a un comportement spontané qui correspond à la satisfaction de ses besoins.

Il faut ainsi savoir donner envie au cheval d'être avec nous. Attention, vous aurez compris en lisant ce qui précède qu'il en a envie pour lui même, parce que ça lui apporte quelque chose, notamment en terme **de lien et de sécurité**. De plus, en adoptant le comportement adéquat, en vous plaçant par exemple d'une certaine façon par rapport à lui, vous lui donnerez envie de s'écarter ou de se rapprocher ; en utilisant votre espace personnel, votre langage corporel, vous pouvez créer une motivation interne ; l'animal agit alors pour satisfaire le besoin qu'il ressent, et trouve sa récompense dans l'action réalisée ; en selle, la posture que vous adoptez peut déclencher le galop (on parle alors d'isopraxie). Dans ces situations l'animal a internalisé la motivation qui le pousse à agir pour être mieux. On fait en sorte que "notre idée devienne son idée" comme le souligne Andy Booth dans sa méthode. Son action résulte alors de la balance entre aise et non aise mais jamais de la résolution d'un conflit. Si vous regardez un convive à table droit dans les yeux et que vous lui demandez en tendant la main, avec un sourire, "S'il te plait, peux-tu me donner le sel", vous exercez une certaine pression sur lui et il ne sera véritablement à l'aise que lorsqu'il aura repéré la salière et l'aura déposée dans votre main ; mais vous n'avez rien exigé et il ne s'agit pas d'un rapport de force. On est toujours dans la relation et la communication. Quand vous recevez la salière, vous dites "merci" et vous souriez et généralement la personne qui vous a fait passer la salière sourit aussi ! C'est très proche du conditionnement par renforcement (négatif[13], cette fois, par arrêt de la pression à l'obtention de la réponse) ; la différence tient en 2 points:

- vous avez mis des formes dans la demande (demande claire et polie, nettement située dans la relation à l'autre) ;
- vous avez remercié avec sincérité.

Imaginez un serveur auquel vous crieriez : "Le sel !" puis quand il l'apporte vous lui donnez un euro ou pire vous dites : "Et le poivre aussi" ; il faudra qu'il soit habitué à un gros pourboire de votre part pour s'exécuter dans ce contexte ! Et il le fera pour le pourboire (la récompense). A noter que, s'il le peut, il évitera de servir votre table et qu'un jour vous recevrez peut-être la salière au coin de l'oeil ! Mais, bien sûr, il ne vous viendrait pas à l'idée d'agir ainsi.

---

[13] Renforcement "positif" : donner quelque chose d'agréable
Renforcement "négatif" : supprimer quelque chose de désagréable. A ne pas confondre avec la punition (donner quelque chose de désagréable, par exemple un coup de cravache.)

Retour sur les besoins du cheval

Aussi gratifiante que soit notre intention, pour que le cheval collabore avec nous il faut préalablement que tous ses besoins fondamentaux soient satisfaits, cela conditionne sa disponibilité ; il est donc nécessaire de les connaitre et d'y veiller, d'autant que les conditions de vie que nous lui proposons sont souvent très éloignées de son idéal. En outre, une synthèse d'études récentes (Hausberger M., Henry S., 2018) montre que les conditions de bien-être, liées à la satisfaction des besoins et à l'absence de stress, impactent considérablement les capacités cognitives et les apprentissages ; non seulement un état de bien-être favorise l'attention, la concentration, la mémoire, la flexibilité mais, de plus, il conduit à un état émotionnel et une humeur positive, rendant compte de comportements plus "optimistes" qui facilitent non seulement les apprentissages mais aussi la relation à l'homme, avec significativement moins de comportements agressifs.

Les besoins du cheval s'organisent, comme ses comportements, autour de 4 fonctions essentielles (Tableau IV) :

1- Le cheval a besoin de se sentir en sécurité ; la permanence dans son environnement le rassure, à la différence du changement, qui l'inquiète ; de même la confiance en ceux qui l'entourent et qu'il connait. Tout ce qui a valeur de prédateur et/ou de danger le stresse, de même que les situations auxquelles il ne peut échapper ou l'inhibition de l'action.

2- Le cheval est un animal social et le besoin de congénère est absolu, inhérent à sa condition : "un cheval seul n'est plus un cheval". Il doit pouvoir interagir avec ses congénères, les voir dans le pré en face ne suffit pas.

3- Le cheval doit pouvoir manger en continu et en se déplaçant, environ 60% de son temps. Dans un pré, cela correspond à environ 60 kg d'herbe fraiche consommés en une quinzaine d'heures. Son alimentation n'a pas à être riche ; elle doit être variée, contenir des fibres et être répartie sur la journée. NB : Son système digestif, à la différence du notre, ne prévoit pas de "repas"; il secrète donc des sucs digestifs (acides) en continu. La salive produite lors de la mastication est basique et contribue à "tamponner" l'acidité de l'estomac. Pour sa santé, le cheval doit donner plusieurs dizaines de milliers de coups de mâchoire par jour (Peyrille S. et al., 2015).

Un cheval privé de toute nourriture plus d'une heure est en position d'inconfort (il n'est plus en champ détendu) ; au delà de 3h30, sans rien à se mettre sous la dent, on parlera de mal-être et de retentissements physiopathologiques possibles.

(Attention à ce qu'on donne au cheval ; il ne peut absolument pas vomir et ce n'est pas un ruminant!).

Le cheval boit entre 15 et 60 litres d'eau par jour (pour 500kg). Mais attention à ne pas donner d'eau froide en quantité après l'effort.

Les besoins alimentaires sont variables d'un cheval à l'autre. L'alimentation est adaptée quand le poids de l'animal est stable et qu'on devine son ossature, sans pour autant voir ses côtes.

4- Le cheval peut dormir debout (somnolence ou sommeil à ondes lentes) mais il doit aussi pouvoir se coucher, en vache et de tout son long, c'est indispensable au sommeil paradoxal (donc un box doit être suffisamment grand pour que l'équidé puisse se coucher à l'aise) ; les phases de sommeil sont courtes et il ne reste jamais longtemps couché (problèmes physiologiques liés à la masse corporelle). Au total il dort 20 à 30 % de son temps.

L'accomplissement de ces différentes fonctions suppose en outre que l'animal ait un espace suffisant pour se déplacer, se rouler, fuir au besoin, trouver de la nourriture (même si on lui en fournit par ailleurs), trouver des zones de confort, en cas de vent ou de forte chaleur, et pour se coucher etc

FONCTIONS (importance décroissante)	BESOINS
1-La sécurité et la sauvegarde	Absence de prédateurs et de stresseurs
2-Les relations sociales	Présence de congénères avec lesquels entrer normalement en contact.
3-La subsistance	Pâture (sinon foin, aliments de remplacement) et eau en quantité suffisante ; accessibles la plus grande partie du temps.
4-La récupération	Zones de repos ; possibilité de se coucher, au sec.

Tableau IV : Besoins du cheval

Connaitre et respecter les besoins naturels du cheval permet d'assurer son bien-être. C'est seulement quand tous ses besoins sont satisfaits qu'il est en "champ détendu" et disponible pour collaborer avec nous. Autrement ses motivations personnelles seront tout naturellement plus fortes que celles que nous souhaitons créer, même si nous y mettons tout notre coeur !!

Que retenir en pratique

Si l'on reprend tout ce qui vient d'être dit, travailler avec le cheval en médiation suppose :

- de connaitre les chevaux avec lesquels nous travaillons : "Nous ne pouvons pas obtenir une relation d'excellence avec des animaux empruntés" (Vanessa Lee-Jones) ;
- d'avoir valeur de cheval, se comporter comme tel, d'être authentique et digne de confiance, d'être assertif (tableau II : savoirs être et savoirs faire) ;
- de préférer établir une relation avec l'animal et obtenir sa collaboration plutôt que lui apprendre des comportements par conditionnement.

Bien sur un conditionnement par habituation est inévitable et souhaitable quand il d'agit de familiariser l'animal avec le spray insecticide par exemple ou de l'habituer au portage, autant de choses qui ne sont pas le quotidien d'un cheval au pré mais le cheval doit rester curieux et réactif, ne pas être blasé.

Comme on l'a vu, le conditionnement opérant, où le cheval apprend en tenant compte des conséquences de la réponse qu'il donne, est également une façon correcte d'apprendre rapidement des comportements élémentaires tels que baisser la tête pour pouvoir mettre plus facilement le licol.

Pression légère et **constante**

Quand la tête descend, lâcher **immédiatement**.

Pour lui apprendre à baisser la tête, on placera les doigts en arrière des oreilles en mettant une **légère pression** vers le bas. IL NE FAUT PAS AUGMENTER CETTE PRESSION mais la maintenir jusqu'à ce que le cheval effectue le mouvement attendu : dès qu'il baisse la tête, relâchez tout et descendez la main vers le garrot pour le caresser. Il faudra recommencer plusieurs fois pour que le cheval apprenne ce comportement. Il s'agit là d'un conditionnement par renforcement négatif[14] : la pression disparait quand il donne la bonne réponse qui est de ce fait récompensée (disparition de l'inconfort).

On peut aussi lui apprendre à baisser la tête en utilisant le licol, ça peut être un préalable avant l'exercice précédent :

❾a
Pression légère et **constante**

❾b
Quand la tête descend, lâcher **immédiatement**.

---

[14] Pour une présentation complète des différents types de conditionnement voir le livre Comportements et Posture, d'Hélène Roche.

Attention, on ne doit pas rentrer dans un rapport de force, on n'augmente pas la pression pour obtenir la réponse, on attend ; la main suit le cheval si la tête se déplace à droite, à gauche ou recule et la pression reste constante. Les pratiques équestres utilisent beaucoup les renforcements négatifs, le cirque les renforcements positifs (friandise donnée au moment où est produite la bonne réponse), on les utilise aussi dans le travail à pied. Ce type de conditionnement ne nuit pas à l'instauration d'une véritable relation mais il ne la sert pas et pour travailler avec le cheval en médiation il ne faudra pas en rester là, on l'a déjà dit.

En médiation on a besoin d'un cheval acteur, libre de ses réponses. Des réponses conditionnées, qui ne reflètent en rien ce qui se passe avec l'humain, ne présentent que peu d'intérêt. De plus, les bénéficiaires de la médiation ont souvent besoin d'établir une relation affective avec l'animal ; ils sont souvent en difficulté dans la relation à l'autre. Éprouver avec l'animal un lien plus sécure, trouver comment entrer en relation avec lui, les aide à trouver peu à peu des solutions à leurs problèmes , à prendre confiance et à développer des habiletés sociales.

Nous privilégions le travail en liberté parce qu'il est essentiel que se joue dans la médiation animale quelque chose de ce qui se joue dans les relations interpersonnelles ; elles supposent pour chacun un espace de liberté ce qui exclut l'emprise mais ne peut pas s'accommoder non plus de l'instrumentalisation de l'animal : on l'a vu, la première des libertés est de comprendre ; si on n'offre pas cette possibilité à l'animal il ne dispose pas de l'espace de liberté nécessaire pour interagir utilement avec le bénéficiaire .

De plus, en terme de bien-être animal, une étude conduite en 2017 avec les bénévoles d'Equi-Liance et Mégane Suc, étudiante en Master d'éthologie à l'Université Paris 13, a montré que l'impact des séances sur le cheval était différent selon le degré de liberté laissé à l'animal[15], avec significativement plus de comportements d'opposition lors de séances où le cheval est tenu, longe tendue. D'autres facteurs, tels que la durée des séances et l'environnement, se sont montrés des facteurs significatifs de variation des comportements de frustration au cours des séances ; ces comportements sont plus nombreux quand les séances excèdent une heure et quand elles ont lieu en carrière de sable ou en rond de longe.

---

[15] "Facteurs de variations du comportement du cheval, relatifs aux séances de médiation", Mégane Suc, 2017. Mémoire de Master 1 Éthologie, Université Paris 13-UFR LLSHS

Quelles recommandations

De l'ensemble de ce qui précède et des résultats de cette étude, qui viennent à l'appui de nombreuses observations antérieures, il découle plusieurs recommandations, pour bien commencer avec le cheval, si on souhaite travailler avec lui en médiation. Elles concernent : la disponibilité du cheval, le contexte des séances (durée et lieu), et les principes fondamentaux sur lesquels baser le travail (espace de liberté et émotions positives).

▶ Disponibilité du cheval

Avant de commencer à travailler avec le cheval, **il faut s'assurer qu'il est "en champ détendu"** ; cela veut dire **être avec le cheval au moins 20 minutes avant la séance** et observer les signaux qu'il nous donne, rechercher notamment les signes de tension (mimiques, contractions musculaires, fouaillements, comportements de frustrations). La séance aura lieu si tous ses besoins sont satisfaits et s'il ne montre pas de signes de souffrance ou de stress.

▶ Durée et lieu des séances

Ces deux facteurs conditionnent le maintien de la disponibilité de l'animal et son bien être, durant les séances. Généralement elles se succèdent, mobilisant les mêmes chevaux ; il est important d'en tenir compte dans l'établissement des plannings : **un cheval ne devrait jamais être sollicité plus d'une heure** sans avoir l'occasion de mettre le nez dans l'herbe (ou le foin) et de donner un certain nombre de coups de dents ; savoir lire les signaux que donne le cheval permet d'ajuster la durée de la séance. Au delà d'une heure, les comportements de frustration qu'il montre sont des manifestations de tensions, liées à un état de mal-être ; il s'agit, la plupart du temps, de mouvements "compulsifs", mouvements répétitifs auxquels l'animal ne peut se soustraire.

Pour cette raison, un environnement naturel lors des séances est nettement préférable à une carrière ou à un rond de longe où les comportements de frustration se manifestent plus rapidement. Dans un pré, en proximité de ses congénères, le cheval est plus détendu et finalement plus disponible.
Il ne faut pas confondre un cheval dont tout comportement alternatif, normal, est empêché par l'appauvrissement du milieu dans lequel se déroule la séance (il finira par montrer des comportements de frustration) et un cheval réellement disponible (lui n'en montrera pas). Durant les séances, le cheval doit pouvoir se livrer à ses comportements naturels, à des

moments où il n'est pas sollicité, et, à d'autres moments, choisir d'être partenaire dans la relation.

▶ Liberté laissée au cheval

Le travail en complète liberté est le plus riche, en terme d'interactions et de relation avec le bénéficiaire de la médiation mais il n'est pas toujours possible ; ce qui est essentiel c'est de ne pas exercer d'emprise, **ne pas utiliser la longe pour tirer le cheval ou le maintenir attaché durant la séance**. Il est en particulier recommandé de ne pas attacher le cheval pendant le pansage, qui est plutôt, en médiation, un temps où on prend soin de lui et où on est attentif à ce qui lui est agréable.

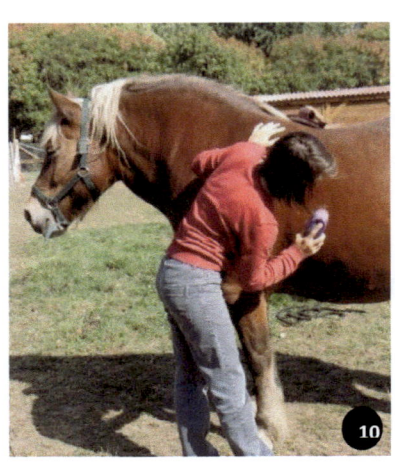

Pansage en liberté
Si une longe est reliée au licol du cheval, on la posera simplement sur le bras qui ne tient pas la brosse (pour éviter que le cheval marche dessus, s'il bouge).

Les réactions du cheval nous renseignent alors sur l'intérêt qu'il porte à ce qui est en train de se passer.

De façon générale, la longe ne doit servir qu'à communiquer une intention, à un moment donné ; dire quelque chose, à l'instant "t", quand on ne peut pas ou ne sait pas faire autrement. Pour indiquer un désaccord au cheval, une intention différente de la sienne, fermer la main sur la longe suffira, si on n'est pas" agrippé" dessus en permanence.
Il faut donc, le reste du temps, **apprendre à travailler "longe flottante",** (Hempfling, 2013), sans aucune tension dans la longe, ni mouvement, ni secousse ; le mousqueton est alors vertical sous la tête du cheval et pend mollement.

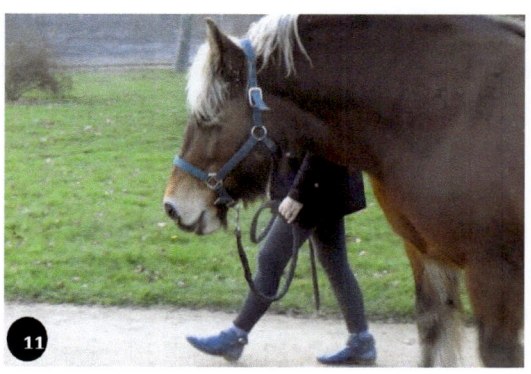

Tenue "longe flottante"

C'est dans cet espace de liberté que le cheval exprime tout ce qui fera l'intérêt de la médiation. C'est dans cet espace aussi qu'il apprend, avec une possibilité d'apprendre de ses erreurs si on lui laisse l'occasion d'en faire !

Enfin c'est cet espace de liberté qui contribue à le rassurer et le rendre serein ; ceci est très important pour le déroulement des séances.

▶ Émotions positives

Les émotions positives sont essentielles au rapprochement, à la confiance et à la motivation ; Créer des émotions positives au cheval et le moins possible d'émotions négatives doit être une préoccupation constante, non seulement lors du travail et des séances de médiation avec le cheval mais aussi **chaque fois qu'on est avec lui. Il faut que le cheval éprouve du confort (aise et sécurité) et du plaisir à être dans notre proximité et à interagir avec nous, qu'il en tire une satisfaction pour lui-même.** Pour faire disparaître une action non souhaitée, de la part du cheval, il suffit généralement de ne pas la renforcer (y prêter trop attention, y répondre, peut suffire à la renforcer) ; il n'est ni nécessaire ni judicieux de punir car punir ou inhiber l'action (répression) est l'occasion de stress et d'émotions négatives.

Chez l'animal, on retient deux sortes d'émotions :
- les émotions positives, qui sont des émotions de rapprochement ;
- les émotions négatives, qui sont des émotions d'éloignement ou de fuite.

Les émotions favorisent la mémorisation et les apprentissages et, comme nous l'avons dit, c'est sur la mémoire positive des interactions avec l'humain que se fonde l'intérêt du cheval pour celui-ci. C'est ainsi que le cheval devient proche de l'homme, développant alors des compétences en terme de cognition sociale interspécifique. Cette observation vaut aussi pour le poulain, témoin des interactions positives entre sa mère et l'homme (Henry S., 2005).

	IMPACT		
	Disponibilité	Richesse des interactions	Motivation
CHAMP DÉTENDU	■		
SÉANCES COURTES	■		
ENVIRONNEMENT NATUREL	■		
LIBERTÉ		■	
ÉMOTIONS POSITIVES			■

Tableau V : Préconisations

Récompenser le cheval est, bien sûr, l'occasion d'émotions positives pour lui ; cependant, les récompenses associées à une réponse attendue et contingentes de celle-ci, ne font que renforcer la réponse[16]. Avoir créé une mémoire positive des interactions avec l'humain agit au contraire en amont de la réponse et la facilite en augmentant l'intérêt et la motivation du cheval.

Les émotions positives sont le ciment de la relation et il ne faut pas oublier que le cheval est aussi sensible à notre propre état émotionnel ; ses émotions, quand nous sommes ensemble, dépendent beaucoup des nôtres. Ne pas transmettre d'émotions négatives, à notre insu, peut s'avérer difficile, surtout au début, car nous pouvons vivre des moments de stress ou d'énervement qu'il faut **apprendre à gérer** (avant tout, rester calme et patient !) Induire des émotions positives est sans doute plus facile : être chaleureux avec le cheval et **passer avec lui des moments "pour ne rien faire"**, juste des instants sereins en compagnie l'un de l'autre, constitue un bon début. Il suffit pour cela d'être disponible et de vouloir établir une vraie relation.

---

[16] C'est l'objectif du conditionnement skinnérien ou opérant, par renforcement.

Conclusion

La médiation animale implique une relation à trois, entre le **professionnel**, le **bénéficiaire** et l'**animal**. Dans l'intérêt du bénéficiaire, il est extrêmement important de s'intéresser aussi à l'animal et de prendre en compte ses besoins. C'est un préalable si on souhaite un animal disponible et partenaire.

Le travail avec le cheval, si on refuse de l'instrumentaliser, de le stresser ou d'être dans l'emprise, est complexe. Or cela est essentiel à la médiation équine qui dépend de la collaboration de l'animal en tant que sujet. Il faut donc apprendre à le connaître, à faire avec ce qu'il est, ce qu'il ressent et ce qu'il exprime et aussi lui rendre possible de faire avec nous. Cela peut prendre du temps mais c'est la seule façon d'obtenir une relation vraie et harmonieuse qui ensuite en fait gagner.

Régulièrement se pose la question de la sécurité lors du travail avec le cheval, animal d'une demi tonne, souvent hypervigilant et dont les réactions de peur sont réputées incontrôlables. Peut-être vous attendiez vous à un chapitre sur la sécurité au sommaire de ce livre ? Nous avons choisi de n'aborder qu'indirectement cette question, afin de la relativiser ; en fait la sécurité repose sur trois points, largement développés dans ces pages : la confiance réciproque, la lecture des signaux et l'espace de liberté et donc de fuite dont le cheval dispose dans les séances. La lecture des signaux fait partie du langage du cheval qu'il faut apprendre avant toute chose en éthologie, pour aborder la relation avec l'animal. On se rend compte de cette façon que le cheval est avant tout craintif ; ce n'est pas un animal dangereux[17]. Pour travailler en médiation équine, vous devrez devenir un référent du cheval en qui il ait confiance et cela suppose la réciprocité ; vous pourrez alors lui accorder la liberté nécessaire au bon déroulement des séances. Les réactions de peur sont beaucoup plus rares si le cheval a confiance en la personne avec qui il travaille et s'il est serein.

Chez l'humain, l'hypervigilance, les sursauts exagérés, sont souvent des symptômes de stress ou d'un trouble post traumatique (selon la définition du DSMV, Manuel diagnostique de référence des troubles mentaux) ; il en va de même en ce qui concerne l'hypervigilance et "les écarts" chez le cheval. Connaître son éleveur, connaître son passé et ne pas faire vivre au cheval de stress ou d'émotions négatives intenses est la meilleure garantie que l'on puisse avoir quand on travaille avec lui.

---

[17] C'est la pratique équestre qui peut l'être.

Les capacités de résilience du cheval sont remarquables ; elles lui ont permis de supporter des altérations extrêmes de ses conditions de vie. Cependant, les modes de vie que nous lui imposons, quand ils sont très restrictifs, sont à l'origine de pathologies, altèrent son état émotionnel, son humeur (Henry S. et al, 2017) et sa motivation et limitent considérablement ses capacités cognitives et d'apprentissage (Lansade L. et al, 2014 ; Sondergaard E. et Ladewig J., 2004) ; ils favorisent en outre les comportements agressifs vis à vis de l'humain. En conséquence, dans l'intérêt du cheval et le notre, parce que nos besoins ont changé, il est grand temps de revoir la relation que nous avons avec lui et les conditions de vie que nous devons lui offrir. Cela est d'autant plus évident si on souhaite travailler avec lui en médiation. Nous avons tout à gagner à mieux respecter les besoins du cheval et son bien-être ; cela nous assure un animal plus disponible et plus performant ! De plus, des interactions positives répétées, du fait de l'intérêt pour l'humain qu'elles suscitent chez l'animal, augmentent ses capacités en terme de cognition sociale interspécifique ; celles-ci le rendent capable de mieux appréhender le comportement de l'homme, ses émotions et leurs implications, et d'interagir avec lui de façon beaucoup plus pertinente (Proops L. et al, 2018).

Liste des annexes

Annexe 1 :
Évaluation du bien-être chez l'équidé................61

Annexe 2 :
Qualités attendues du cheval en médiation........63

Annexe 3 :
Signes de souffrance et de stress.........................66

Annexe 4 :
Tempérament..68

ANNEXE 1 :

> **Evaluation du Bien-être chez l'équidé**

*Tableau page suivante adapté du « **Welfare Quality®** » – « Welfare Monitoring System – Assessment Protocol for Horses **(1)** (protocole d'évaluation pour les chevaux) et du « Welfare assessment protocol for horses » du programme **AWIN (2)**.*

Pour accéder aux protocoles d'évaluation du bien-être chez le cheval :

(1) http://edepot.wur.nl/238619

(2) http://www.animal-welfare-indicators.net/site/flash/pdf/AWINProtocolHorses.pdf

4 GRANDS PRINCIPES	12 CRITERES	MESURES SUR LE CHEVAL OU L'ENVIRONNEMENT
Absence de faim ou de soif	1 Absence de faim prolongée	Etat corporel ; entretien des dents ; aliments : type, quantité, disponibilité
	2 Absence de soif prolongée	Eau : disponibilité, propreté
Ne pas souffrir de contrainte physique (environnement, hébergement)	3 Confort pour le repos	Aire de couchage : surface, propreté, type de litière ; bruits de l'environnement
	4 Confort thermique	En box : ventilation, concentration d'ammoniaque, taux humidité A l'extérieur : possibilité de s'abriter (pluie, vent, soleil)
	5 Facilité de mouvement	Taille du box ou de l'aire extérieure ; durée et type de travail
Etre indemne de douleur, de blessure, de maladie	6 Absence de blessure, lésion, boiterie, mauvais entretien	Présence de zone de poils blancs, de blessures, de gonflement, longueur des vibrisses ; entretien des sabots ; boiterie ; sécurité de l'environnement
	7 Absence de maladie	Respiration, toux, écoulement nasal, lésions cutanées sur les membres, affection de la peau, état du poil et des crins (abimés ou cassés), démangeaisons, écoulement oculaire, obésité
	8 Absence de douleurs ou de lésion causée par l'utilisation	Tension des muscles du dos, état commissuires des lèvres et barres
Avoir la possibilité d'exprimer les comportements normaux ; être protégé de la peur et de la détresse	9 Possibilité d'expression des comportements sociaux	Interactions totales et grooming, flairage, contact visuel
	10 Possibilité d'expression des autres comportements de l'espèce	Comportements anormaux : stéréotypes, peur
	11 Bonne relation homme animal	Tests : distance d'évitement, approche volontaire, approche humaine forcée ; apprentissages
	12 Etat émotionnel positif	Champ visuel, postures, expressions

ANNEXE 2

> **Qualités attendues du cheval en médiation**
> Grille d'évaluation

Le test vise à évaluer le caractère vivant (V), serein (S) et confiant (C) du cheval, qui en fera un cheval acteur, rassurant et proche de l'homme en médiation.
Il repose sur 17 critères, présentés dans le document d'accompagnement avec les consignes ; ils sont listés dans la première colonne du premier tableau.

Remplissage :
Etape 1 :
Reporter la validation de chaque critère, quand elle est obtenue, dans la deuxième colonne.
La validation de tous les critères est attendue.

Etape 2 :
Dans les trois colonnes suivantes, coder, dans les champs colorés, la validation (1) ou la non validation (0) des critères concernés ; ceci permet l'établissement d'un score par dimension (V, S et C) en cas de non validation globale.

	√	Vivant	Serein	Confiant
C1			■	
C2			■	
C3			■	
C4		■		■
C5			■	
C6				■
C7				
C8		■		
C9		■		
C10		■		
C11		■		
C12		■		
C13			■	
C14				■
C15				■
C16				■
C17			■	

Etape 1 :	
Validation	**Acquise :** **17 critères remplis**
	Non acquise : <17 critères remplis

Etape 2 :	Score	Validation
Total V vivant		6
Total S serein		6
Total C confiant		6

Merci de nous adresser vos évaluations avec vos observations, pour nous permettre d'améliorer cet outil en cours d'élaboration.

Contact@equi-liance.fr

ou Equi-Liance

18 descente des Contamines

38150 Vernioz

Nous vous demanderons de préciser **l'âge, le sexe et la race** des chevaux concernés et de répondre à deux questions :

Q1 : Connaissez-vous l'élevage d'où provient l'animal ? Oui/Non

Si oui, 1a) A quel âge a eu lieu le sevrage ?.......... mois.

    1b) Après le sevrage, le poulain vivait-il avec des chevaux adultes : Oui/Non

Q2 : Le cheval est-il débourré ? Oui/Non

Si oui, 2a) préciser :

☐ Débourrage éthologique par habituation

☐ Autre

ANNEXE 3

Signes de souffrance et de stress

SIGNES D'ALARME PENDANT LE TRAVAIL	SIGNES D'ALARME APRES OU EN DEHORS DU TRAVAIL
Oreilles en arrière, Fouaillement Raideur Tensions anormales Défaut d'engagement Signes de rétivité : claquer des dents, croupades, inhibition... Apparition de tics pendant le travail (sortir la langue, encenser...) Signes biologiques : crottins, mictions, saignements de nez, toux, éternuements ...	Ne se roule pas ; manque d'intérêt pour la boisson, la nourriture. Torpeur Postures anormales au box : tête au mur, arpentage, Stéréotypies Tensions, mimiques (narines dilatées) Coups de pied sur le sol, les flancs ; grattage et regards vers les flancs Signes biologiques : apprécier la sudation (temporalité, localisation.), la fréquence des crottins et des mictions

Ne pas oublier d'observer aussi les déplacements (boiterie, défaut d'appui ou l'inverse).

C'est la présence de signes convergents, leur durée ou leur répétition qui doit alarmer, de même que tout comportement inhabituel (isolement, agressivité, menaces, réactions au pansage, au harnachement, nervosité ...)

Exemple : Une dent de loup peut-être à l'origine de manifestations douloureuses, généralement pendant le travail monté : oreilles en arrière, fouaillements, nez froncé, claquements de dents. Pour se soustraire à la douleur (dentaire dans ce cas, en lien avec le mors), on pourra observer : encensement ou brusque levée de la tête quand on agit sur le mors, durcissement du contact ou rupture du contact en secouant la tête ; enfermement (bout du nez au poitrail), ouverture buccale en secouant la tête latéralement, rétivité, nervosité ...

ANNEXE 4

[TEMPERAMENT] DU CHEVAL

Actif
(locomotion/activité spontanée)

Curieux
(désir de voir, de recueillir des informations, pour identifier, savoir)

Emotif
(réactions face à l'inconnu, la soudaineté)

Grégaire
(réactivité à l'isolement par rapport aux congénères)

Sociable (réactivité/humain)
(il peut aussi être utile d'évaluer sa sociabilité ou son degré de centralité/congénères)

Sensible (Sensibilité tactile)
(on peut aussi considérer la sensibilité auditive par ex. et multiplier les axes au besoin)

©Equi-Liance - 2016 Reproduction et copie réservées

Axes utiles pour évaluer l'émotivité et l'élan à l'interaction*, dimensions particulièrement importantes dans le cadre de la médiation

- **atonique** (manque de vigueur, de dynamisme) ↔ **précipité** (toujours en avant, rapide, énergique)
- **inintéressé** (ne manifeste pas d'intérêt) ↔ **captivé** (intérêt ++ découverte active)
- **aréactif** (pas de réaction de peur ou de surprise) ↔ **impressionnable** (réactions très intenses, souvent hypervigilant)
- **Indépendant** (pas de réaction à la séparation) ↔ **inséparable du groupe** (réagit vivement à la séparation)
- **farouche** (refuse le contact) ↔ **demandeur** (intrusif)
- **insensible** (ne réagit qu'à un fort niveau de stimulation) ↔ **hypersensible** (réagit à un faible niveau de stimulation)

*NB : - L'émotivité : Il est habituel de considérer que les réactions face à l'inconnu et à la soudaineté caractérisent l'émotivité (intensité des réactions émotionnelles, peur et surprise ici) ; Il faut en fait distinguer les réactions comportementales qui peuvent être influencées par conditionnement, notamment par habituation, et la caractéristique de tempérament qui demeure inchangée (confirmée par la mesure de la FC par exemple).

- L'élan à l'interaction : Il fait intervenir la sociabilité, la locomotion, la grégarité, la curiosité.

Bibliographie

American Psychiatric Association. Diagnostic and Statistical Manual of Mental Disorders: DSM-V. Fifth Edition. Washington DC. 2014.

Barrey, J.C., 2000. Thérapies avec le cheval, L'éthologie équine au service de la thérapie avec le cheval p.35 à 100. Editions F.E.N.T.A.C. Paris

Dalla Costa, E. et al., 2014. Development of the Horse Grimace Scale (HGS) as a pain assessment tool in horses undergoing routine castration. PLoS ONE, 9(3):e92281.doi:10.1371/journal.pone.0092281.

Delattre, S et al., 2016. Méthode d'évaluation de la douleur chez les équidés. IFCE, Equ'idée (magazine en ligne), janvier 2016.

Fureix, C. et al., 2010. Indicateurs de bien-être/mal-être chez le cheval : une synthèse. Les Haras Nationaux, 36ème journée de la recherche équine.

Hausberger, M., Henry, S., 2018. Performances cognitives et bien-être sont-ils liés chez le cheval ? Un point sur les connaissances actuelles. IFCE, 5e journée d'information en éthologie équine.

Hempfling, K. F., 2013. Lorsque les chevaux nous parlent. Paris, Vigot.

Henry, S., Hausberger M., 2015. Synthèse sur les influences maternelles de la naissance au sevrage et application aux conduites d'élevage. IFCE, 41e Journée de la recherche équine.

Henry, S. et al., 2005. Human-mare relationships and behaviour of foals toward humans. Applied Animal Behaviour Science 93, 341-362.

Henry, S. et al., 2017. Do horses with poor welfare show "pessimistic" cognitive biases ? Sci. Nat. 104,8.doi:10.1007/s00114-016-1426-1.

Lansade, L., 2005. Le tempérament du cheval. Thèse de doctorat de l'université de Tours, Sciences de la Vie.

Lansade, L. et al., 2016. Le sevrage : quelles sont les recommandations issues de la recherche équine. IFCE,

42e Journée de la recherche équine.

Lansade, L., 2017. Le pansage, un acte pas si anodin. IFCE, Equ'idée (magazine en ligne),avril 2017.

Montagner, H., 2002. L'enfant et l'animal. Paris, Odile Jacob.

Petit, O., Gérard, C., Valenchon, M., 2018. Les leaders charismatiques existent-ils chez le cheval domestique ? IFCE, 5e journée d'information en éthologie équine.

Peyrille, S. et al., 2015. Utilisation de filets à foin et leur impact sur le bien-être des chevaux. IFCE, Equ'idée (magazine en ligne), avril 2015.

Proops, L. et al., 2018. Animals remember previous facial expressions that specific humans have exhibited. Current Biology, 28: 1428-1432.

Roche, H., 2008. Comportements et postures : que devez-vous savoir et observer. Paris : Belin.

Rogers, C., 1963. "La relation thérapeutique : les bases de son efficacité." Bulletin de Psychologie, 17, 1963, 12-14.

Sankey, C. et al., 2010. Positive interactions lead to lasting positive memories in horses, Equus caballus. Animal behaviour 79(4): 869-875.

Seligman, M., 1975. Helplessness: On Depression, Development, and Death. San Francisco: W.H. Freeman. (ISBN 0-7167-0752-7) (Paperback reprint edition, W.H. Freeman, 1992, (ISBN 0-7167-2328-X))

Sondergaard, E., Ladewig, J., 2004. Group housing exerts a positive effect on the behaviour of young horses during training. Appl. Anim. Behav. Sci. 87, 105-118.

Valenchon, M., 2016. Environnement social du cheval domestique : décryptage des phénomènes de prise de décisions collectives dans le cadre des déplacements en groupe. IFCE, 42e journée de la Recherche Equine.

Vidament, M., Rizo S., 2011. Test de tempérament. Haras Nationaux IFCE, Equip@edia, juin 2011.

Remerciements

Ce livre est le fruit de connaissances et de 35 ans d'expérience acquise auprès des chevaux et au sein de l'association Equi-Liance, centre d'application et de formation à la médiation équine. Plusieurs personnes, qui participent aux formations proposées par Equi-Liance, ont contribué à son élaboration par leurs conseils avisés et je tiens à les remercier :

Chloé Bureau Roubaud, monitrice d'équitation, titulaire des brevets fédéraux d'équitation éthologique. **Avec Florence Serre**, elle participe à la formation au travail du cheval en médiation et aux savoirs d'équitation éthologique au sein d'Equi-Liance.

Christine Filliat, docteur vétérinaire, ostéopathe équin.

Nathalie Priéto, psychiatre, spécialiste du stress.

Merci également à **Mégane Suc** étudiante de master 2 en éthologie équine, à Paris 13 ; elle a travaillé plusieurs mois avec nous, lors de son master, et ce fut un plaisir.

Mes pensées vont aussi à **Jean Claude Barrey**, décédé en 2016 ; il a su, plus de 40 ans, alimenter la réflexion des praticiens de la médiation équine, grâce à ses connaissances en éthologie et son ouverture à de nombreuses disciplines. Ses prises de position étaient une invitation à réfléchir, je l'en remercie.

Enfin je remercie mes chevaux dont certains figurent dans ces pages. C'est à eux que je dédie ce travail en espérant qu'il contribue à une relation toujours meilleure entre l'homme et l'animal.

PUBLICATIONS DE L'AUTEUR À PARAITRE

Pratique de la médiation équine : Approche cognitivo-comportementale.
Manuel d'intervention
Patricia Faure

OUVRAGES COLLECTIFS :
La pratique de la médiation équine :
Ouvrage didactique,
Co-auteurs : Formateurs (professionnels et universitaires) intervenant au sein d'Equi-Liance.

Publication de l'IFCE (Institut Français du Cheval et de l'Equitation)
Un ouvrage qui présente les bases scientifiques de la médiation équine et de l'équitation adaptée, sera *édité par l'IFCE en septembre 2018*.
Contribution de l'auteur et de plusieurs autres praticiens et universitaires.